Die cleversten Detektivgeschichten

Leselöwen

Die cleversten  Leselöwen

Detektiv Geschichten

Loewe

Die Deutsche Bibliothek – CIP-Einheitsaufnahme

Die cleversten Leselöwen-Detektivgeschichten.
– 1. Aufl. – Bindlach : Loewe, 2002
(Leselöwen)
ISBN 3-7855-4378-6

Der Umwelt zuliebe ist dieses Buch
auf chlorfrei gebleichtem Papier gedruckt.

ISBN 3-7855-4378-6 – 1. Auflage 2002
© 2002 Loewe Verlag GmbH, Bindlach
Umschlaggestaltung: Andreas Henze
Umschlagillustration: Ralf Butschkow
Gesamtherstellung: L.E.G.O. S.p.A., Vicenza
Printed in Italy

www.loewe-verlag.de

Inhalt

Steffen Mohr

Aufregende Ferien

„In den Ferien regnet es", hatte Tim gesagt, und er hatte leider Recht behalten. Mit seinen Eltern war er auf einen Bauernhof gefahren. Jede Menge Tiere gab es da, und die Wälder ringsum waren herrlich. Doch vom ersten Ferientag an goss es in Strömen.

Der alte Bauer, ein finster dreinschauender alter Mann, hatte die Urlauber begrüßt und gesagt: „Hier wohnt's ihr am Ende der Welt. Mich seht's ihr selten. Hab den ganzen Tag auf den Wiesen und Feldern zu tun. Wenn ihr also

einen Wunsch habt's, dann geht's zu
Friedrich, meinem Knecht."

Friedrich war ein spindeldürrer, immer
freundlich lächelnder junger Mann. Sofort
trug er den Eltern die Koffer in die Dach-
wohnung hinauf.

„Ach, was ich euch noch sagen muss",
raunte der Bauer hinter vorgehaltener
Hand. „Der Friedrich ist schon mal beim
Klauen erwischt worden. Schließt's also
eure Türen zu, und lasst's nix im Haus
rumliegen."

Die Eltern sahen sich verwundert an,
dann nickten sie dem Bauern zu.

In den nächsten Tagen unternahmen
Tim und seine Eltern trotz des Wetters
ein paar Wanderungen. Jedes Mal kehrten
sie pitschnass und fluchend zurück.

Tim holte sich schließlich einen
grässlichen Schnupfen. So blieb er am
nächsten Tag zu Hause. „Zieht nur los,
und macht euch keine Sorgen um mich",
meinte Tim. „Ich habe schließlich drei

große Tüten Briefmarken dabei, die ich in
mein Album einsortieren muss."

 Als Tim an diesem Vormittag allein in
der großen Bauernstube saß, seine Briefmarken abweichte, sorgsam glättete und
mit der Pinzette hinter die feinen Folien

schob, setzte sich Friedrich zu ihm. Er
ließ sich alles genau erklären und lächelte
seltsam dabei.

   Tim war stolz auf sein dickes Album.
Er wusste, welche Marken wertvoll und
welche bloß schön waren. Aber er liebte
sie alle. Irgendwann sagte Friedrich:
„Jetzt muss ich aber nach den Rind-
viechern gucken." Er stakste zur Tür,
drehte sich noch einmal um und sagte:
„Dein Album ist ein richtiger Schatz,
Tim. Mindestens fünfhundert Euro wert!

Ohohoho!" Dann lächelte er wieder
komisch und ging.

   An diesem Abend aßen sie zu dritt in
der Bauernstube und spielten noch ein
paar Runden Rommee. „Friedrich hat
meine Sammlung gelobt", erzählte Tim
und zeigte den Eltern, welche Marken er
neu eingesteckt hatte. Dann kletterten
alle die schmale Stiege hinauf und gingen
schlafen.

   Am nächsten Morgen wurden sie durch
einen Riesenkrach geweckt. Unten

schimpfte der alte Bauer lauthals mit dem jungen Mann. Tim und seine Eltern stürzten die Treppe hinunter.

Was sie dort erblickten, verschlug ihnen die Sprache. Die Stube sah total verwüstet aus. Sofakissen lagen herum. Schubladen waren aufgezogen. Der Gummibaum lag umgestürzt am Boden. Sogar eine Fensterscheibe war zerbrochen. Kalte Luft zog vom Hof her herein.

Tims Blick fiel sofort auf den Tisch. Das Briefmarkenalbum war verschwunden!

„Er behauptet, 's ist ein Einbrecher da gewesen heute Nacht!", brüllte der Bauer und zeigte auf Friedrich. „Aber warum hat dann der Hofhund nicht gebellt, hä?"

„Ja", hauchte Tim kreidebleich. „Mein Album ist weg." Auf einmal jedoch kehrte Farbe in sein Gesicht zurück. Plötzlich rannte er los, auf den Hof hinaus, mitten in den Regen.

„Tim!", rief seine Mutter besorgt.

Doch schon kam Tim zurück. „Im Hof liegen die Scherben des zerbrochenen Fensters", keuchte er. „Und das ist eindeutig der Beweis dafür, dass ..."

Was beweisen die Scherben im Hof?

(Die Lösung findest du auf Seite 150.)

Illustriert von Anne Wöstheinrich

Manfred Mai

Wer war's?

Lena sitzt seit einer Stunde über ihren Schulaufgaben. Jetzt legt sie den Füller weg und reckt und streckt sich. Dann steht sie auf, geht in die Küche und öffnet den Kühlschrank.

„Wo ist er denn?", murmelt sie vor sich hin, nimmt die Wurstbox heraus und schiebt die Marmeladengläser zur Seite. „Das gibt's doch nicht", sagt sie, dreht sich um und ruft in den Flur: „Wer hat meinen Jogurt gegessen?"

„Ich nicht", kommt Florians Antwort aus dem Wohnzimmer.

Lena stößt die Tür auf.

„Ich auch nicht", sagt Stefanie. „Ich kann den Kühlschrank ja gar nicht allein aufmachen."

„Ihr lügt!", ruft Lena wütend. „Immer klaut ihr meinen Lieblingsjogurt, und nie wollt ihr es gewesen sein!"

„Ich mag sowieso keinen Erdbeerjogurt", sagt Florian. „Den kannst du allein essen."

Lena lässt die beiden in Ruhe und läuft die Treppe hoch in Philipps Zimmer. „Du hast meinen Jogurt gegessen!", beschuldigt sie ihn.

„Du spinnst wohl!", ruft Philipp. „Hier einfach so reinzuplatzen."

„Gib's zu!", fällt ihm Lena ins Wort.

„Ich gebe gar nichts zu", sagt Philipp. „Und jetzt verschwinde, sonst ..." Er nimmt ein Buch und droht, damit zu werfen.

Lena knallt die Tür zu und geht in ihr
Zimmer. „Ich krieg es schon noch raus",
murmelt sie, wirft sich auf ihr Bett und
überlegt, wie sie den Täter oder die
Täterin überführen könnte.

Nach einer Weile schnippt sie mit den
Fingern und grinst. „Das ist es!" Sie steht
auf, zieht ihre Schuhe an, macht sich auf
den Weg in den Supermarkt und kauft
einen Erdbeerjogurt.

Zu Hause öffnet sie den Becher ganz vorsichtig, isst etwas mehr als die Hälfte und kippt den Rest auf einen Teller. Dann schüttet sie Ketschup und Senf in den Becher, gibt Mehl und viel Pfeffer dazu und rührt alles gut durch. Weil die Pampe viel zu rot ist, wirft Lena nochmal zwei Löffel Mehl hinein. Obendrauf streicht sie eine dünne Schicht Jogurt, damit es richtig echt aussieht. Zum Schluss klebt sie den Deckel wieder zu und stellt den Becher in

den Kühlschrank. Dann verzieht sie sich in ihr Zimmer, lässt die Tür jedoch ein Stück offen, um besser zu hören, was draußen passiert. Aber bis zum Abend passiert gar nichts.

Auch am nächsten Tag braucht Lena viel Geduld.

Erst als sie schon im Bett liegt, hört sie unten jemanden „Pfui Teufel!" rufen. Mit einem Satz ist sie aus dem Bett, saust die Treppe hinunter und in die Küche. Dort steht Papa über das Spülbecken gebeugt und spuckt Lenas Pampe aus.

„Du warst es", stellt Lena überrascht fest.

Papa hustet. „Was war ich?"

„Was ist denn los?", fragt Mama, die aus dem Wohnzimmer kommt.

„Papa hat meinen Lieblingsjogurt gegessen und …"

„Lieblingsjogurt?", fällt Papa Lena ins Wort. „Ein Teufelsfraß ist das. Ich werde die Firma anzeigen, die diesen Dreck hergestellt hat." Anklagend hält er den Becher hoch.

Jetzt kommen auch Philipp, Stefanie und Florian angetrottet.

„Was ist denn hier für ein Lärm?", fragt Philipp und gähnt.

„Wie sollen wir denn da schlafen?", beschwert sich Stefanie.

„Papa hat etwas Schlechtes gegessen", erklärt Mama den Kindern.

„Etwas Schlechtes!", sagt Papa und hält ihr den Becher unter die Nase. „Damit kann man einen Ochsen vergiften!"

Mama schnüffelt in den Becher. „Riecht irgendwie nach Ketschup."

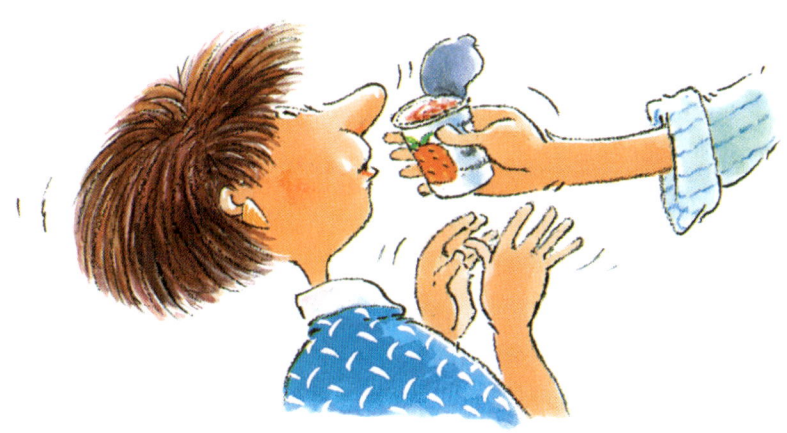

„Das war ich", murmelt Lena.

„Was warst du?", fragt Papa.

Da erzählt Lena die ganze Geschichte. Am Ende sagt sie: „Und jetzt weiß ich, dass du immer meinen Lieblingsjogurt wegisst."

Mama kann sich ein Grinsen nicht verkneifen.

Papa schüttelt den Kopf. Dabei zieht ein Lächeln über sein Gesicht. „Du bist ja ein ganz schlaues Mädchen", lobt er Lena. „Wenn du groß bist, musst du unbedingt Detektivin werden."

Illustriert von Wilfried Gebhard

Werner Färber

Daktyloskopie

Die Köchin des Landschulheims war
sauer. Am Tag zuvor hatte sie bis in den
Abend hinein zwanzig Hühnerkeulen und
zwanzig Fleischklopse für ein Picknick
vorbereitet. Am Morgen lagen nur noch
fünf Keulen und vier Klopse im Kühlschrank.

   „Trockenes Brot könnt ihr mitnehmen",
sagte die Köchin. „Dass bloß keiner denkt,
ich würde so etwas noch einmal machen."
   „Ich kann Ihren Ärger verstehen,
Elfriede", sagte die Lehrerin. „Wer auch

immer den Kühlschrank geplündert hat, ich möchte mich im Namen aller Kinder bei Ihnen entschuldigen."

„Sperrt den Hund weg", sagte Elfriede.

„Wolle war es bestimmt nicht." Max kniete nieder und kraulte seinen Hund.

„Aber wer sollte die Keulen und Klopse sonst gefressen haben?", fragte die Lehrerin, als Elfriede draußen war.

„Das krieg ich raus", sagte Max.

Max fragte Herrn Horn, den Leiter des Heims, ob er breites, durchsichtiges Klebeband, eine Leselupe, ein Stempel-kissen und mehrere Bögen Papier haben könnte. Nur mit Grafitstaub konnte Herr Horn nicht dienen. Deshalb bat Max die Lehrerin um ihren Schminkpuder.

„Ich hab doch gesagt, ich will ihn nicht mehr sehen", sagte Elfriede, als Max mit Wolle in die Küche zurückkehrte.

„Elfriede, er war es nicht", beharrte Max. „Wie soll er denn den Kühlschrank aufgemacht haben?"

Wolle legte den Kopf schräg und wedelte mit dem Schwanz.

„Wer war es dann?", fragte die Köchin.

Max legte die mitgebrachten Sachen auf die Anrichte.

„Was soll das denn jetzt werden?", fragte Elfriede.

„Daktyloskopie", sagte Max.

„Dackel – was?", fragte Elfriede.

„Daktyloskopie – mein Hobby. Ich nehme Fingerabdrücke", antwortete Max. „Wann haben Sie das letzte Mal geputzt?"

„Gestern Abend. Ich wische jeden Abend. Das gehört sich so in einer sauberen Küche."

„Wunderbar", sagte Max. Er trug den roten Staub, den man sonst auf den Wangen der Lehrerin bewundern konnte, mit dem Puderpinsel auf dem Kühlschrank auf.

„Donnerwetter", sagte Elfriede. Schon jetzt war deutlich ein Fingerabdruck neben dem anderen zu erkennen.

Max pinselte weiter und staubte auch die Kante der Anrichte ein. Er nahm das breite Klebeband, schnitt mehrere etwa zehn Zentimeter lange Streifen ab, pustete über die eingestaubten Abdrücke und klebte sie ab. Er zog die Streifen wieder ab und klebte sie auf die Papierbögen.

„Faszinierend", sagte Elfriede, die ihm
während der ganzen Zeit über die
Schulter gesehen hatte.

Max griff nach der Lupe, um die Früchte
seiner Arbeit zu untersuchen. „Ups",
entfuhr es ihm plötzlich.

„Was denn?", fragte Elfriede.

„Ähm – ach, nichts", antwortete er. Er
hatte unter den vielen Abdrücken leider
auch den einer Hundepfote entdeckt.

Etwas später bestellte Max alle Kinder
in den Speiseraum. Die meisten fanden
es lustig, dass sie auf dem Stempelkissen
ihre Fingerkuppen schwärzen sollten. Ein
paar versuchten, sich zu drücken. Aber
die Lehrerin sorgte dafür, dass alle
mitmachten. Elfriede gab ihre Abdrücke
freiwillig und forderte ihren Chef auf,
ebenfalls an der kriminalistischen
Untersuchung teilzunehmen.

„Aber ich habe doch nachher eine Besprechung. Da kann ich nicht mit blauen Fingern ankommen", sagte Herr Horn.

Elfriede duldete keine Widerrede. Nicht einmal von ihrem Chef. Max fing an, die Abdrücke zu vergleichen. Immer wieder nickte er stumm und machte sich Notizen. Schließlich stand er auf und räusperte sich.

„Ich werde keine Namen nennen", sagte er. „Von den dreiundzwanzig Personen, die sich hier im Raum befinden, waren fünfzehn am Kühlschrank." Max stieß einen Seufzer aus. Er sah zu seinem Hund, der brav zu seinen Füßen saß. „Leider sind auf der Anrichte auch Abdrücke von Wolle."

Herr Horn räusperte sich. „Bevor es einen Unschuldigen trifft, ähm – Elfriede – entschuldige – ich war auch am Kühlschrank."

Max nickte. Natürlich hatte er den Abdruck des Leiters entdeckt. Elfriede klappte vor Empörung der Unterkiefer herunter. „Plötzlich kam Wolle in die Küche", setzte ihr Chef sein Geständnis fort. „Ich habe mich erschrocken und ließ einen Fleischklops fallen. Schwups, war der freche Kerl auf der Anrichte und der Fleischklops verschwunden."

„Mein eigener Chef", sagte Elfriede. „Ich fass es nicht." Sie betrachtete ihn mit strenger Miene. Die Kinder lachten. Sogar die Ertappten. „Bei Fuß, Wolle", sagte Elfriede und verschwand in Richtung Küche.

Mit flehendem Blick sah Wolle zu Max. „Ja, los, geh schon", gab Max seinem Hund die Erlaubnis.

Schon jagte er hinter Elfriede her, um sich den Fleischklops zu holen, den sie ihm als Entschuldigung spendierte.

Illustriert von Dorothea Tust

Werner Färber

Verstopfte Spürnase

Seit Tagen wird die Klasse 2 b von fürchterlichem Gestank geplagt. Lüften bringt nicht viel. Kaum sind die Fenster wieder geschlossen, fängt es erneut an zu müffeln.

„Mir reicht's", sagt Herr Lück. „Wir werden der Sache mit kriminalistischem Scharfsinn zu Leibe rücken. Ein Zehner für die Klassenkasse, wenn ihr das stinkende Objekt aufspürt."

„Vielleicht liegt irgendwo ein toter Vogel", sagt Karol.

„Iih!", rufen alle.

„Oder eine tote Maus im Schrank?", meint Dorit.

„Uach", ertönt der Klassenchor.

Auch Herr Lück verzieht das Gesicht. „Ich erhöhe die Belohnung auf einen Zwanziger, Kinder. Nasen auf und los."

„Ich hab Schnupfen", sagt Tom.

„Hm", macht der Lehrer. „Pech, eine Spürnase weniger. Aber mit deiner Erkältung hättest du sowieso lieber noch ein paar Tage zu Hause bleiben sollen."

„Ich wollte nichts verpassen", näselt Tom.

„Ich weiß ja nicht", sagt der Lehrer zweifelnd. „Aber was ist denn, Kinder? Ihr sucht ja noch gar nicht."

Die Kinder heben die Nasen. Der Lehrer steuert das Waschbecken an und schnuppert am Abflussrohr. Nichts. Er hält die Nase über den Mülleimer. Auch nichts.

Alle schnüffeln kreuz und quer durchs Klassenzimmer. Selbst die ausgestopfte Eule und der präparierte Karpfen im Schrank werden verdächtigt, den Gestank zu verströmen.

Tom bleibt sitzen. Er überprüft nur die Ablage unter seinem Tisch. Dort findet er sein Lineal, das er seit einer Woche vermisst. Moment mal – das Lineal! Plötzlich fällt Tom alles wieder ein.

Er erinnert sich an den Tag, an dem er sich gleich nach der Schule ins Bett legte. Er fühlte sich wie eine zu heiß gewaschene Wollsocke. Während die anderen Kinder nach der großen Pause noch im Klassenzimmer tobten, hockte Tom am Platz und betrachtete lustlos sein Pausenbrot. Obwohl es mit seinem Lieblingskäse belegt war, wickelte er es wieder ein und legte es auf den Tisch.

Plötzlich stolperte Sebastian auf Tom
zu. Sebastian suchte Halt, erwischte aber
nur Toms Lineal, das zur Hälfte über den
Tisch ragte. Auf dem anderen Ende des
Lineals lag Toms Pausenbrot. Das Lineal
schnellte in die Luft. Fasziniert verfolgte
Tom die Flugbahn des Pausenbrotes. Mit

mehreren Salti sauste es durchs Klassenzimmer. Sebastian donnerte mit dem Kopf
gegen das Tischbein. Erst unter Mithilfe
eines nassen Schwamms kam er wieder
auf die Beine. Das fliegende Käsebrot
ging im Trubel um Sebastian vollkommen
unter.

Während Tom sich an die Käseflug-
stunde der letzten Woche erinnert, beginnt
seine Nase erneut zu kitzeln, und schon
entfährt ihm ein brüllender Nieser.

Der Lehrer unterbricht die Spurensuche.
„Willst du nicht doch lieber nach Hause
gehen, Tom?"

„Gern", sagt Tom hinter seinem
Taschentuch hervor. „War aber trotzdem
ganz gut, dass ich heute zur Schule
gekommen bin."

„Ich weiß ja nicht", erwidert Herr Lück
zweifelnd.

„Doch, wirklich", sagt Tom.

Er geht zur Wandtafel und zieht sie nach
unten. Er steigt auf einen Stuhl und beugt

sich über den oberen Tafelrand. Tom zappelt mit den Beinen und kommt wieder in ganzer Größe zum Vorschein. Zwischen Daumen und Zeigefinger seiner rechten Hand hält er ein schmuddeliges Päckchen.

„Was ist das denn Entsetzliches?", fragt der Lehrer.

„Mein Pausenbrot von letzter Woche. Der Käse ist inzwischen wohl ein bisschen überreif. Aber ich rieche ja nichts."

„Und wie ist das Brot hinter die Tafel geraten?", fragt der Lehrer angewidert.

„Na ja – zuerst lag das Brot auf meinem Lineal", erklärt Tom. „Dann kam Sebastian und ..." Erneut fängt seine Nase an, ganz entsetzlich zu jucken. Tom winkt ab. „Tut mir Leid, geht nicht. Ich erzähl es später."

Er verlässt das Klassenzimmer und schließt hinter sich die Tür. Er zieht die Oberlippe hoch, atmet durch den geöffneten Mund tief ein, seine Augen

fangen an zu jucken, dann beginnen sie
zu tränen. Einen Moment später dröhnen
sieben Nieser durchs Treppenhaus.

Illustriert von Dorothea Tust

Fabian Lenk

Der Anschlag auf die Sandburg

Yannick ist mein kleiner Bruder. Er ist
drei Jahre alt und eigentlich ganz süß mit
seiner Stupsnase, den großen braunen
Augen und den hellbraunen Locken.
Eigentlich. Denn manchmal nervt er ganz
furchtbar. Etwa, wenn er mich mal wieder
Fips nennt. Ich heiße Philipp und bin kein
Affe.

„Du, Fips", begann er am feinen Sand-
strand von Bornholm. „Will Sandburg
bauen." Er stand vor mir und zog an
meinem rechten Arm.

Ich sah Hilfe suchend zu meinen Eltern.
Aber die pennten mal wieder. Also ließ ich
mein Buch fallen und trottete mit Yannick
zum Meer. Der Kleine trug Eimer,
Schaufel und Förmchen und schnatterte
fröhlich vor sich hin.

Dann legten wir los. Yannick ist ein toller
Sandburgen-Bauer, das muss ich
zugeben. Ich griff nur dann ein, wenn
seine Bauten einzustürzen drohten.
Schnell entstand eine stolze Burg mit
Wehrmauern und Wassergraben. Eine
Brücke aus Eisstielen führte zum Tor, auf
dem höchsten Turm wehte eine Fahne
aus Tang, den wir an einer Plastikgabel
befestigten.

„Söne Burg!", freute sich Yannick. Das
„sch" kann er noch nicht sagen.

Ich wollte gerade nicken, als ich hörte:

„Nö!"

Ich drehte mich um und sah einen weiteren Dreikäsehoch. Daniel, der auch in unserer Hotelanlage wohnte.

„Meine ist söner", meinte er, zeigte auf sein Bauwerk und streckte uns die Zunge heraus.

„Quatsch!", rief ich. Die Burg hatte noch nicht einmal einen Wassergraben.

„Söner als eure", beharrte Daniel.

Yannick hob drohend die Schaufel.

Daniel ging.

　Wir zogen uns zurück, als es zu heiß
wurde. Zwischen zwölf und drei Uhr
machten wir Siesta, wie meine Eltern
sagen. Dabei machten sie den ganzen
Tag nichts anderes als Siesta, diese
Schlafsäcke.

　Als wir zum Strand zurückkehrten,

begann Yannick zu weinen. Irgendjemand hatte unsere Burg zerstört.

„Paputt", jammerte er, „alles paputt."

Ich tröstete ihn, indem wir eine neue Festung bauten, noch größer als die letzte, mit zwei Fahnen aus Tang. Doch auch sie wurde kaputtgemacht. So ging es drei Tage lang. Wir bauten, jemand zerstörte. Ich wurde wütend. Natürlich hatte ich Daniel im Verdacht, aber der Beweis fehlte.

Meine Stunde schlug im Miniclub, wo sich alle Kinder am Nachmittag versammelten.

Yannick berichtete: „Burg paputt!"

Die anderen waren entsetzt. Oder taten zumindest so. Es war komisch: Niemand wollte während unserer Siesta am Strand gewesen sein. Alle wollten ebenfalls ein Mittagsschläfchen gehalten haben. Ein Stimmen-Durcheinander erhob sich.

„Wir müssen Wachen aufstellen", riet Tom.

Ein Mädchen namens Anna meinte: „Sind bestimmt Erwachsene gewesen."

Und Pascal rief: „Hier soll's Dünen-Drachen geben. Die fressen Sandburgen für ihr Leben gern. Hab ich gelesen!"

Yannick wurde das alles zu viel. Er verdrehte die großen braunen Augen

und begann, mit seinem Flummi zu spielen. Klar, dass der Ball wegsprang. Yannick krabbelte auf allen vieren durch den Raum, um ihn aufzuspüren. Ich behielt ihn im Auge. Yannick folgte dem Ball, der von der Wand absprang und in die andere Richtung schoss. Yannick quetschte sich zwischen Annas Beinen hindurch, die in Turnschuhen steckten. Zack! Der Flummi prallte an einem Stuhlbein ab. Mein Bruder sauste hinterher, vorbei an Daniels Füßen, an denen jede Menge Sand klebte. Wupps! Der Ball hüpfte auf Pascal zu, der die Kugel elegant stoppte. Er trug braune Sandalen.

Jetzt wusste ich, wer unsere „sönen" Burgen „paputt" gemacht hatte.

Kannst du herausfinden, wer die Sandburgen zerstört hat?
(Die Lösung findest du auf Seite150.)

Illustriert von Dorothea Tust

Manfred Mai

Meisterdetektive

Axel sitzt allein vor dem Fernseher
und schaut die siebte Folge von „Kalle
Blomquist" an.

   Als der Meisterdetektiv dem Dieb eine
Falle stellt, kommt Axels Schwester
Antonia ins Wohnzimmer. „He, Axel!
Im Freibad hat heute jemand aus vier
Schließfächern Geld und Klamotten
geklaut. Sogar die Polizei war da. Aber
sie haben nichts herausgefunden."

Axel guckt seine Schwester zweifelnd an. „Wie soll jemand vier Schließfächer aufbrechen, ohne dass es einer merkt?"

„Das ist ja das Eigenartige. Sie wurden gar nicht aufgebrochen. An den Türen und Schlössern war nicht der kleinste Kratzer. Aber als die Leute ihre Fächer aufgeschlossen haben, waren sie leer." Antonia grinst. „Wäre das nicht ein Fall für dich, du großer Detektiv?"

Darauf gibt Axel keine Antwort. Er geht zum Telefon, ruft seinen Freund Kevin an und schildert ihm den Fall. „Also bis gleich", sagt er. „Und vergiss deine Dauerkarte nicht!"

Zehn Minuten später treffen sich die beiden an der Kasse. Sie zeigen ihre Dauerkarten und gehen am Kiosk vorbei zu den Schließfächern. Dort sehen sie sofort, dass tatsächlich keines aufgebrochen wurde.

„Der Täter hatte die Schlüssel für die Fächer", stellt Axel fest.

„Die hat er den Leuten bestimmt gestohlen", vermutet Kevin.

Axel schüttelt den Kopf. „Dann hätte er die Schlüssel ja wieder zurückgeben müssen, nachdem er die Fächer ausgeräumt hat."

Kevin schlägt sich mit der Hand gegen die Stirn. „Mist, daran hab ich nicht gedacht. Aber irgendwie muss er sich die Schlüssel doch besorgt haben."

„Die Leute hatten ihre Schlüssel",
überlegt Axel laut. „Der Täter hatte auch
passende Schlüssel. Aber woher?"

Plötzlich leuchten Kevins Augen.
„Vielleicht hat der Bademeister Zweit-
schlüssel."

„Hm", macht Axel. „Das könnte sein.
Dann wäre er der erste Verdächtige."

„Das müssen wir der Polizei sagen",
meint Kevin.

„Gar nichts müssen wir", widerspricht
Axel und versucht vergeblich, einen
Schlüssel aus dem Schloss zu ziehen.
„Hast du mal 'nen Euro?"

Kevin gibt ihm einen. „Den will ich aber
wiederhaben."

Axel wirft den Euro in den Geldschlitz,
dreht den Schlüssel herum und zieht ihn
ab.

„Und jetzt?", fragt Kevin.

Axel schaut den Schlüssel in seiner
Hand an. „Ich glaube, ich hab's", murmelt
er. „Wenn man den Schlüssel in die

Tasche steckt und hinausgeht, merkt es kein Mensch. Im Supermarkt gibt es einen Mann, der Nachschlüssel machen kann. Dann muss man hinterher nur den richtigen Schlüssel wieder zurückbringen, und schon kann man sich jederzeit bedienen."

„Genial", sagt Kevin und holt seinen Euro wieder aus dem Schließfach.

„Entweder hat der Täter Nachschlüssel machen lassen oder der Bademeister war's", fasst Axel zusammen. „Jetzt müssen wir uns nur auf die Lauer legen und sehen, wer mehrere Schließfächer öffnet."

Sie tun so, als würden sie sich sonnen, lassen die Schließfächer aber nicht aus den Augen. Nach einer halben Stunde fällt ihnen ein junger Mann mit einer großen Badetasche auf. Er öffnet ein Schließfach, schaut hinein und schließt es wieder. Dann geht er ein paar Schritte weiter und öffnet noch ein Schließfach.

„Das ist er", flüstert Axel. „Hol schnell den Bademeister!"

Kevin rennt los.

Der junge Mann wühlt in den Sachen herum, steckt einiges in seine Badetasche

und geht zum nächsten Schließfach.
Axel tritt von einem Bein aufs andere und
hält sehnsüchtig nach dem Bademeister
Ausschau.

Gerade als der Dieb das vierte
Schließfach öffnen will, kommt Kevin mit
dem Bademeister und einem Helfer
angelaufen.

„Da ist er!", ruft Axel und zeigt auf den
Dieb.

„Was machen Sie denn da?", fragt der
Bademeister.

Der Dieb fährt blitzschnell herum und

will flüchten. Zu spät! Der Bademeister und sein Helfer stehen schon im Weg.

„Ich … ich will meine Sachen aus dem Schließfach holen", lügt der Dieb.

„Er hat Nachschlüssel", sagt Axel.

„Der Junge spinnt!", ruft der Dieb.

„Lassen Sie mich den Schlüssel mal sehen", verlangt der Bademeister.

Plötzlich rennt der Dieb los, aber er kommt nicht weit. Ein paar Männer packen ihn und halten ihn fest.

Der Bademeister ruft die Polizei, die wenig später eintrifft. Axel und Kevin erzählen, wie sie dem Dieb auf die Spur gekommen sind.

Die Polizisten können es kaum glauben. „Alle Achtung, Jungs, das war wirklich eine Meisterleistung", werden Axel und Kevin gelobt. „Von euch könnte sogar Kalle Blomquist noch was lernen."

Illustriert von Wilfried Gebhard

Werner Färber

Der Autodieb

Ole schreckt hoch. Im ersten Moment
weiß er nicht, wo er ist. Ein gelblicher
Lichtkeil fällt durchs Moskitofenster ins
Zelt. Ach ja, Frankreich, Campingplatz.

Urlaub mit Mama, Papa, Lotta und ihren
Eltern. Lotta liegt neben ihm in ihrem
Schlafsack. Sie schläft tief und fest. Ole
lauscht. Nur die Grillen zirpen vor dem
Zelt. Sonst nichts. Doch! Da ist es wieder.
Es schleicht jemand ums Zelt. Eindeutig.

Ole rüttelt an Lottas Arm.

„Lotta", flüstert er.

„Was ist?" Lotta dreht sich zu Ole.

„Draußen schleicht jemand herum."

„Da wird jemand aufs Klo müssen", sagt
Lotta.

Ole lauscht. Das Zirpen der Grillen.
Dann wieder Schritte. Ole wagt nicht, sich
zu bewegen. „Hörst du?", raunt er.

Doch Lotta schläft bereits wieder fest.

„Lotta, wach auf. Da macht jemand am
Auto herum."

Lotta reibt sich die Augen. Sie setzt sich auf und lauscht ebenfalls in die Nacht. Tatsächlich. Ein Schlüsselbund klimpert. Eine Autotür quietscht.

„Wir müssen nachsehen", flüstert Ole.

Im Lichtkeil sieht Ole Lottas erschrockenen Blick. Einen Moment später stimmt sie nickend zu und tastet nach ihrer Taschenlampe. Ole zieht den Reißverschluss des Zeltes nach oben. Millimeter um Millimeter. Das leise Klicken kommt ihm vor wie ein Trommelwirbel.

Lotta kriecht zur Öffnung.

„Da will einer unser altes Auto klauen",
flüstert sie.

Ole legt sich neben Lotta. Schweigend
beobachten sie die Person, die sich am
Handschuhfach zu schaffen macht.

Plötzlich steht Lotta auf.

„Was hast du vor?", fragt Ole flüsternd.

„Ich sag Papa und Mama Bescheid."

„Du willst da raus? Spinnst du? Wenn der gefährlich ist?"

„Weißt du was Besseres?"

„Wir können um Hilfe rufen."

„Und hier in der Falle sitzen? Da bin ich lieber draußen. Wenn es sein muss, renne ich zum Klo und schließe mich ein."

„Ich weiß ja nicht", sagt Ole.

Lotta kauert sich wieder neben ihn. „Wo steckt er denn?"

„Keine Ahnung. Vielleicht hat er gefunden, was er wollte." Lotta schiebt den Reißverschluss noch ein wenig höher. Plötzlich zuckt sie zusammen. Die dunkle Gestalt im Auto ist wieder aufgetaucht. Sie rückt den Fahrersitz zurecht und stellt den Rückspiegel ein. Sie greift über die Schulter nach dem Sicherheitsgurt. Ole und Lotta hören das Klicken des Gurt- verschlusses bis ins Zelt.

„Der will tatsächlich eure alte Schleuder klauen", raunt Ole.

„Los, raus hier", sagt Lotta. „Wir können doch nicht zusehen, wie einer unser Auto klaut."

Ole nickt. Trotzdem hat er Angst. Wenn das nun ein übler Bursche ist? Vielleicht hat er eine Waffe. Oder er nimmt Lotta und ihn als Geiseln mit. Na dann lieber tschüss, du alte Blechkiste. Die Autotür klappt zu. Der Motor startet, die Scheinwerfer gehen an. Im selben Moment schnellt Lotta hoch.

Sie macht den Reißverschluss auf und stürmt nach draußen.

„Lotta!", ruft Ole. Er versucht, sie festzuhalten. Doch sie ist schneller.

Ole springt auf und jagt hinter ihr her. Nicht, weil er ein Held ist. Er will nicht allein zurückbleiben.

„Mama!", brüllt Lotta. „Komm! Papa wandelt wieder mal im Schlaf!"

Inzwischen hat auch Ole kapiert, was los ist. Er rennt zum Auto und versucht, die Fahrertür zu öffnen. Der Wagen setzt ein Stück zurück und hält wieder an. Plötzlich surren überall Reißverschlüsse. Wohnwagentüren werden aufgerissen, Lichter gehen an.

Lottas Papa sitzt im Auto und bekommt

nichts mit. Lottas Mama steckt ihren Autoschlüssel ins Schloss der Beifahrer-tür. Ihr Mann legt soeben den ersten Gang ein. Lottas Mama reißt die Beifahrertür auf und hechtet ins Auto. Sie dreht den Zünd-schlüssel um.

Der Spuk ist vorüber. Ole öffnet die Fahrertür. Langsam kommt Lottas Papa zu sich.

„Was ist denn los?", fragt er.

„Ach, nichts", antwortet Ole. „Sie wollten nur Ihr eigenes Auto klauen."

Illustriert von Dorothea Tust

Manfred Mai

Keine schöne Überraschung

Mama hat Geburtstag. Familie Koller fährt
ins „Gasthaus zur Sonne" zum
Mittagessen.

   Die neunjährige Saskia freut sich schon
darauf, ihr sechzehnjähriger Bruder Stefan
nicht.

   Er macht nicht gern „auf Familie", wie er
das nennt. Aber an Mamas Geburtstag
will er kein Spielverderber sein und kommt
mit.

   Das Gasthaus ist gut besucht. Familie
Koller setzt sich an den letzten freien

Tisch. Zum Glück bringt eine Bedienung gleich die Speisekarten und schreibt auf, was die Kollers trinken wollen.

Saskia muss mal, und Mama geht mit zum Händewaschen. Als sie zurückkommen, stehen die Getränke schon auf dem Tisch.

Papa hebt sein Glas. „Auf eure Mama", sagt er.

Alle nehmen ihr Glas und stoßen miteinander an.

Während sie auf das Essen warten, baut Papa mit Saskia ein Bierdeckel-haus. Mama schaut ihnen zu, und Stefan beobachtet die Leute.

„Mein Ring!", sagt Mama plötzlich. „Ich hab ihn auf dem Waschbecken liegen lassen." Sie steht auf und geht schnell zur Toilette. Wenig später kommt sie zurück und schüttelt den Kopf. „Er ist nicht mehr da." Sie ist den Tränen nahe.

„Der neue Ring, den Papa dir heute zum Geburtstag geschenkt hat?", fragt Saskia.

Mama nickt. „Ich wollte nicht, dass Seife drankommt, weil …"

„Aber der Ring ist doch aus echtem Silber", sagt Papa. „Dem schadet das bisschen Seifenwasser nichts."

„Eine von denen hat ihn", murmelt Stefan.

„Wie bitte?", fragt Papa.

„Die blonde Frau dort vorne, die

Rothaarige neben der Tür und die mit der weißen Bluse am Fenster waren nach Mama auf dem Klo", erklärt Stefan. „Wenn der Ring nicht mehr da ist, muss ihn eine von ihnen weggenommen haben."

„Das kannst du doch nicht einfach behaupten", sagt Papa.

„Doch." Stefan steht auf und geht zu der blonden Frau. „Mein Name ist Stefan Koller, ich bin Privatdetektiv und habe eine Frage."

Die Frau guckt Stefan mit offenem Mund und großen Augen an.

„Sie waren vorhin auf der Toilette. Haben Sie da einen Ring auf dem Waschbecken liegen sehen?"

„Ich … äh … ja, da lag ein Ring", stammelt die Frau.

„Und?", fragt Stefan.

„Was und?"

„Was haben Sie mit dem Ring gemacht?" Stefan lässt nicht locker.

„Nichts."

„Sie haben ihn also liegen lassen?"

Die Frau nickt. „Selbstverständlich. Oder glauben Sie etwa, ich hätte den Ring weggenommen?"

„Ich glaube gar nichts", antwortet Stefan ruhig. „Vielen Dank für Ihre Auskunft." Er geht weiter zu der rothaarigen Frau und stellt ihr die gleiche Frage.

„Ich habe keinen Ring gesehen", sagt die Frau barsch.

„Aber …"

„Zieh Leine, Bürschchen, und lass meine Frau in Ruhe!", zischt der Mann.

Stefan geht einfach weiter und stellt sich der Frau am Fenster vor.

„Privatdetektiv", wiederholt sie ungläubig. „Dafür scheinen Sie mir ein bisschen jung zu sein."

„Ich bin noch in der Ausbildung", sagt Stefan.

„Ach, und jetzt wollen Sie an mir etwas ausprobieren, was?"

„Nein, ich habe nur eine Frage", antwortet Stefan. „Haben Sie vorhin auf dem Waschbecken in der Toilette einen Ring liegen sehen?"

„Einen Ring?", fragt die Frau zurück.

Stefan nickt. „Es ist nämlich einer
verschwunden."

Die Frau zeigt Stefan beide Hände.
„Nein. Wie Sie sehen, habe ich an jedem
Finger einen. Zu denen würde ein
silberner überhaupt nicht passen. Und
jetzt verschonen Sie mich bitte mit Ihren
Kindereien, sonst rufe ich den Wirt."

„Vielen Dank für die Auskunft", sagt
Stefan freundlich und geht zu seiner
Familie zurück.

„Die Leute schauen schon", flüstert
Mama, der die ganze Sache peinlich ist.

„Das macht doch nichts", sagt Stefan.
„Ich weiß jetzt, welche Frau deinen Ring
geklaut hat."

„Echt?", fragt Saskia und guckt ihren großen Bruder voller Bewunderung an. „Dann musst du sie verhaften."

Stefan lacht. „Das darf ich leider nicht, das darf nur die Polizei. Und die rufe ich jetzt an."

„Bist du auch sicher?", fragt Papa.

„Ganz sicher", antwortet Stefan und geht zum Telefon.

Illustriert von Wilfried Gebhard

Fabian Lenk

Rudi, die Rennsemmel

Timo und seine Freunde wohnten in der
Rosenstraße. Tempo 30, sanfte Steinhügel
in der Mitte der Straße. Alle Anwohner
fuhren vorsichtig. Bis auf Rudi Simmel, den
die Kinder nur die „Rennsemmel" nannten.
Rudi fuhr ein froschgrünes Sportwagen-
Cabrio mit ganz breiten Reifen und einem
Auspuff so dick wie ein Kanonenrohr. Er
raste regelmäßig viel zu schnell durch die
Rosenstraße. Wenn sich Timo und seine
Freunde bei ihm beschwerten, meinte er
nur: „Was wollt denn ihr, ihr Gummibärchen?"

   „Die Rennsemmel braucht dringend
einen Denkzettel", meinte Timo, als er
mit seinen Kumpels Kriegsrat hielt.

   „Genau, Rudi und sein grünes
Stinkedings nerven gewaltig", schimpfte
Lars. „Nur, was sollen wir tun?"

„Ich wüsste da was", meldete sich Tamara. „Ich wohne ja in seinem Haus, direkt über ihm."

Das Mädchen schlug an einem wunderschönen Sommertag zu. Rudi sprang fröhlich in sein froschgrünes Cabrio vor dem Mehrfamilienhaus, streichelte das Lenkrad, meinte „brumm-brumm" zum Motor und drehte den Zündschlüssel.

In dieser Sekunde warf Tamara einen Frosch aus dem ersten Stock. Er landete

auf Rudis Schoß. Rudi starrte entsetzt auf das Tier, der Frosch voller Panik auf den Fahrer. Schwer zu sagen, wer mehr Angst hatte. Jedenfalls hüpfte der Frosch auf die Rückbank, und die Rennsemmel floh vom Fahrersitz nach draußen. „Das können doch nur die Racker aus dieser Straße gewesen sein. Kommt sofort alle aus eurem Versteck!"

Sie gehorchten – aus Neugier.

„Wer war das, wer hat mir dieses Untier ins Auto geworfen?", schrie Rudi.

„Du, da ist etwas auf deinem Armaturenbrett", meinte Timo ungerührt.

„Nein, nein, nein – weg da!", brüllte Rudi. „Das Vieh ist feucht und glitschig und macht alles kaputt."

„Wo? Ich sehe nichts", rief Tamara.

„Das Monster ist schon weggesprungen! Und jetzt will ich es wissen: Wer von euch hat mir dieses Untier ins Cabrio geworfen?" Rudi blickte Timo scharf an.

„Ach, ich doch nicht. Ich habe ein Herz für Rennsemmeln", sagte Timo.

Tamara meinte mit einem treuherzigen Augenaufschlag: „Warum sollte ich dir denn einen Frosch ins Auto werfen?"

Und Lars meckerte: „Reg dich ab, großer Meister des klappernden Auspuffs."

„Klappe! Das Glitsch-Dings in meinem Auto ist schon schlimm genug. Aber dass ihr mich alle anlügt ..."

„Selbst schuld, Rennsemmel", dachte Timo. „Wenn dein Hirn auch nur annähernd so groß wäre wie dein Auspuff, dann wüsstest auch du, wer dir den Frosch ins Auto geworfen hat."

Tamara hatte sich nämlich verraten, aber die Rennsemmel hatte es nicht bemerkt.

Hast du gemerkt, womit Tamara sich verraten hat?

(Die Lösung findest du auf Seite 150.)

Illustriert von Dorothea Tust

Steffen Mohr

Katzendiebe

„Wenn wir zu laut sind, beschweren sich die Nachbarn unter uns!" Toni lachte. „Wirf mich also leiser auf den Teppich." Der lange Benjamin zeigte seinem um einen Kopf kleineren Freund Toni ein paar Griffe, die er gerade im Judotraining gelernt hatte.

In diesem Moment klingelte es an der Wohnungstür.

„Oh-oh", flüsterte Toni. „Das ist bestimmt unsere dicke Nachbarin."

Vor der Tür stand aber ein dünnes Mädchen: Nina war Tonis ältere Kusine und schon fast dreizehn.

Sie wischte sich eine Träne aus den Augenwinkeln. „Ich brauche deine Hilfe, Toni", schluchzte sie.

„Komm rein, Nina. Benjamin kennst du ja. Darf er mithören?" Die Sache war die,

dass Toni schon manchmal geholfen hatte, wenn es um stibitzte oder bloß verlegte Kugelschreiber ging und einmal sogar um ein gestohlenes Fahrrad. So klein Toni war, so groß war doch sein Grips. Er kriegte einfach alles raus. „Toni", sagten alle, „ist unser bester Schuldetektiv. Und nicht nur deshalb, weil er unser einziger ist."

Diesmal jedoch ging es um ein wirklich schweres Verbrechen. Atemlos hörten die Jungen Tonis Kusine zu. Seit zwei Tagen bereits war Beppo – ihr Kater mit dem glänzend roten Fell und den weißen Pfötchen – verschwunden.

„Oh, mein armer Beppo", schluchzte Nina, „er ist bestimmt entführt worden."

In der Stadt trieben sich nämlich seit einiger Zeit Katzendiebe herum. Die fingen die Tiere, sperrten sie in Käfige und verkauften sie weiter.

Ein guter Detektiv, wie Toni es war, zieht aber nicht nur die am nächsten liegende Möglichkeit in Betracht. Er ermittelt in alle Richtungen. Und genau das tat Toni jetzt.

„Hast du einen Feind?", wollte er von Nina wissen.

„Ich??" Nina zog die Schultern hoch und überlegte.

„Es ist nämlich so", erklärte Toni, „dass es gar nicht die Katzendiebe sein müssen, die dir Beppo entführt haben. Es könnte auch ein Trittbrettfahrer sein ..."

„Ein was?", fragte Judo-Benjamin dazwischen.

„Wenn jemand eine Riesenwut auf Nina hat, dann könnte er Beppo fortgeschleppt haben, um ihr eins auszuwischen. Und keiner verdächtigt ihn. Denn alle denken, dass es bestimmt die Tierfänger waren."

„Robert!", schrie Nina plötzlich, und auf ihrer Stirn erschien eine tiefe Zornesfalte.

Robert, erzählte sie, war der Anführer einer Jungenbande, die gerne Mädchen ärgerte. Da hatte Nina ihm den Spitznamen „Hampelmann" verpasst. Als ihn die Jungs auch so riefen, hatte er Nina Rache geschworen. Das war vor drei Tagen.

Laut dachte Toni nach: „Robert war also vor drei Tagen in eurer Wohnung? Aber Beppo ist erst seit zwei Tagen verschwunden. Kombiniere: Robert muss deinen Beppo draußen gefangen haben."

„Beppo jagt jeden Abend im Vorgarten nach Feldmäusen. Dann kommt er aber brav wieder hoch!"

„Weiß Robert das?"

Nina überlegte kurz. „Ganz bestimmt nicht. Er kennt Beppo nur als Stuben-katze."

„Wir werden diesem Robert einen
kleinen Besuch abstatten", entschied Toni.
„Du kommst doch mit, Judomeister?"

„Klar." Benjamin reckte sich
angriffslustig.

Dann machten sich die drei gemeinsam
auf den Weg.

Gut, dass Roberts Eltern nicht zu Hause
waren. Toni sah, dass ihr Auto nicht auf
dem Parkplatz vor dem Neubaublock
stand.

Der Plan war, Robert zu überrumpeln und dabei vielleicht Beppo zu finden. Koste es, was es wolle. Die drei stiegen in den Fahrstuhl, der mit ihnen in den elften Stock hochsauste.

Als Ninas Widersacher öffnete, erschrak er. Robert hatte wohl nicht damit gerechnet, Nina und ihre Freunde zu sehen. Die Wohnung hinter ihm lag im Dunkeln.

„Entschuldigt", nuschelte er. „Ich kann euch nicht reinlassen. Das elektrische Licht ist ausgefallen. Muss die Sicherung sein."

„Brauchst uns nicht reinlassen", sagte Toni tapfer. „Du musst nur Ninas Kater rausrücken."

Verächtlich zog Robert die Lippe hoch. „Ist das der rotweiße Stubentiger, der manchmal im Vorgarten Mäuse fängt? Der ist nicht hier."

„Der Fall ist klar", sagte Toni. „Benjamin, schieb den Hampelmann beiseite."

Doch das war gar nicht nötig. Robert drückte sich sowieso schon ängstlich an die Wand. Die drei Freunde liefen an ihm vorbei. Und in der Küche hörten sie – na was wohl? Miauen!

Nina riss die Küchentür auf, und schon sprang ihr der geliebte Kater entgegen.

„Oh, Beppo!", rief Nina und drückte ihn fest an sich.

Warum glaubte Toni dem Katzendieb nicht?

(Die Lösung findest du auf Seite 151.)

Illustriert von Anne Wöstheinrich

Steffen Mohr

Der Fall „Wellensittich"

Helle Aufregung herrschte im Fernseh-
studio. Der sonst so fröhliche Moderator
Karsten Hallerfortz hatte Mühe, die Schul-
klasse im Studio zu beruhigen.

„Lisa muss gewinnen! Lisa muss
gewinnen!", tobten die Kinder. Was war
geschehen? Der Sender hatte einen
Wettbewerb ausgerufen. Jeder, der
daheim einen sprechenden Wellensittich
hatte, durfte teilnehmen. Am Anfang hatte
es 28 Kandidaten gegeben und 28 grüne,
blaue und weiße Wellensittiche.

Die Vögel konnten Dinge sagen wie:
„Papa!", „Mama!", „Ei verflixt!" und „Guten
Tag!" Oder sogar: „Mein Magen knurrt!"

In einer ersten Runde schieden die
Vögel aus, die nicht deutlich sprachen.
Da blieben noch zwölf übrig. Im zweiten
Wettbewerb kam es darauf an, dass die

Sittiche zwischendurch nicht zu viele
Pausen machten. Nun waren nur noch
zwei Piepmätze übrig. Der eine gehörte
Lisa, der andere einem knurrigen Herrn
mit Glatze, der Fritz Schleicher hieß. In

der Endrunde zählte Karsten Hallerfortz
die Zahl der Worte, die jeder Vogel
kannte.

Fast Lisas ganze Klasse, die 4 a, war ins
Studio mitgekommen. Natürlich jubelten
alle ihrer Mitschülerin zu, als sie und Herr
Schleicher mit ihren Vogelkäfigen ins
Scheinwerferlicht traten.

Beide Vögel sahen sich zum Verwechseln ähnlich: Sie waren grün gefiedert und hatten einen gelben Fleck am Hinterköpfchen. Außerdem hießen beide Bubi!

Lose wurden gezogen. Herrn Schleichers Bubi durfte als Erster sprechen. Laut zählten die Kinder die Worte mit: „Eins! Zwei! Drei ..." Bis 36! Denn so viele Wörter oder Sprüche schwatzte der Schleicher-Bubi.

Dann war Lisas Bubi an der Reihe. Wieder zählten die Kinder laut mit. Wer genau hinhörte, merkte jetzt freilich, dass es zwischen beiden Bubis einen Unterschied gab. Lisas Vogel sprach, wie Lisa selbst, mit etwas höherer Stimme.

Der 35. Spruch hieß: „Tür zu, es zieht!" Gleich darauf rief Lisas Vogel: „Oh Gott, oh Gott!" Nun lagen beide Kandidaten gleich. Ein paar qualvolle Sekunden lang hielt der Wellensittich den Schnabel.

Alle bangten um Lisas Gewinn. Toten-

still war es. Nur die Kameras surrten.
Doch plötzlich schrie Bubi: „Pass auf!"
Und hintereinander, wie am Schnürchen:
„Klodeckel zuklappen! Fass den Dieb!
Mein Holzbein brennt! Quatsch nicht!"

„37! 38! 39! 40! 41!", jubelten die Kinder.
Denn Lisa, ihre Lisa, hatte gewonnen.
   Danach sagte der Moderator eine kurze
Pause an. Herr Schleicher und Lisa
brachten ihre Vögel in die Garderobe,
dann lief Lisa aufgeregt zu ihren Freunden
hinaus.

Bis jetzt waren es nur Probeaufnahmen gewesen. Nach der Pause fing die richtige Sendung an, die deutschlandweit übertragen wurde. Herr Schleicher war in der Pause bei den Vögeln geblieben.

Als es wieder losging, geschah das Unglaubliche. Alles lief wie vorhin – nur mit einem Unterschied: Der Bubi des glatzköpfigen Herrn Schleicher sprach mehr Worte als Lisas Wellensittich. Die Klasse war zuerst vor Schreck ganz stumm, aber dann sprangen die Kinder von ihren Sitzen auf und schrien:

„Betrug! Lisa muss gewinnen! Lisa!!!" Der Moderator hüpfte nervös vor seinem Publikum herum und versuchte, es zu beruhigen.

Auf einmal hob Lisa die Hand zum Zeichen, dass sie etwas sagen wollte. Schlagartig kehrte Ruhe ein. Alle Augen richteten sich erwartungsvoll auf Lisa, die sich räusperte und ernst erklärte: „Herr Schleicher muss meinen Bubi mit seinem

Vogel vertauscht haben, als er allein in der Garderobe war. Aber der Bubi, den ich dressiert habe, lässt sich vom Sittich eines älteren Herrn klar unterscheiden. Nämlich durch ..."

Wisst ihr auch, wodurch?
(Die Lösung findest du auf Seite 151.)

Illustriert von Anne Wöstheinrich

Fabian Lenk

Der Maskenmann kam um Mitternacht

Papa stand schweißüberströmt auf dem Sonnendeck des Kreuzfahrtschiffes „MS Fortuna". Wir schipperten quer durch die Karibik. Wie so oft hatte Papa auf Tennisbälle eingeprügelt, die ihm sein Trainer um die paprikaroten Ohren pfefferte. Mama hüpfte mal wieder in einem bunten

Trikot im Aerobic-Raum. Wie ein Jojo.
Das nannten meine Eltern Urlaub. Seltsam.
   Ich, Pascal, Meisterdetektiv und Sohn
dieser bunten Sportskanonen, lümmelte
mich in einem Liegestuhl und genoss
einen Kakao mit Walnusseis. Tja, und ich
wartete. Darauf, dass etwas passierte.
Ein Auge hielt ich stets offen, um alles im
Blick zu haben. Die Stunden zogen sich
zäh, aber das Eis war gut.
   Nach dem sportlichen Tag war für meine

Eltern das Mitternachtsbüfett das Größte.
Ich war nicht begeistert, denn es gab
keinen Kakao mit Walnusseis.

Dann schlug es Mitternacht – die Stunde
des Maskenmannes. Papa und Mama
mümmelten gerade an einem Salat, ich an
einem gewaltigen Steak, als er auftauchte.

Maskiert mit einer schwarzen Skimütze, richtete er eine Pistole auf die Gäste und meinte: „Flossen hoch. Geld und Schmuck her, und datt ein bisschen plötzlich!"

Er ging von Tisch zu Tisch und raffte die Beute zusammen: Papas tolle Uhr, Mamas schöne Kette und – viel schlimmer – meinen Gürtel mit allem, was ein Detektiv so braucht: Kamera, Schreibzeug, Mini-Fernglas. Dann verschwand der Maskenmann lachend. Es klang wie eine rostige Ankerkette, die man an Bord hievt.

Inspektor Claus von Clever erreichte das Schiff am nächsten Morgen mit einem Schnellboot kurz nach dem Frühstück. Er ließ sich als Erstes die Passagierliste geben. Dann wollte er wissen, wer bei besagtem Essen dabei gewesen war. Nur drei Passagiere hatten gefehlt. Und genau die bestellte der Inspektor in seine Kabine. Davor wartete ich, Pascal, der Meisterdetektiv, und bot meine Hilfe an.

„Was, du?", lachte der Ermittler. „Na gut, groß stören kannst du auch nicht."

Leicht beleidigt schlurfte ich mit in die Kabine.

Der Erste im Verhör war ein gewisser Berthold Rothe. Er erklärte unter anderem: „Nö, da war ich längst im Bett. Ich gehe immer früh schlafen. Denn als Bäcker muss ich zeitig aufstehen. Das mache ich auch im Urlaub."

Der Inspektor notierte sich die Aussage.

Der Zweite, Sigmund Müller, meinte am Ende des Verhörs spitz: „Frechheit, dass

Sie mich wegen dieser Tat verdächtigen. Ich verabscheue Waffen aller Art."

Wieder schrieb der Inspektor mit. Nun kam der Dritte, Friedhelm Fuhrmann. „Nee, Herr Kommissar, datt war ich nicht. Watt soll ich denn mit Schmuck?"

Claus von Clever studierte seine Notizen. Er schüttelte den Kopf.

„Ich weiß, wer's war." Ich flüsterte dem Inspektor meinen Verdacht ins Ohr.

Plötzlich lächelte er. „Klasse, dafür verdienst du eine Belohnung!"

„Okay", meinte ich fix. „Kakao mit Walnusseis. Außerdem hätte ich gern meine Ausrüstung wieder. Für den nächsten Fall."

„Auf gute Zusammenarbeit", meinte der Inspektor.

Wer von den dreien ist der Maskenmann?
(Die Lösung findest du auf Seite 151.)

Illustriert von Dorothea Tust

Manfred Mai

Karola Köpfchen

Hallo!

Ja, du!

Genau dich meine ich.

Du brauchst dich nicht umzuschauen, du wirst mich nämlich nicht sehen.

Darf ich mich vorstellen? Mein Name ist Karola Köpfchen. Ich bin Detektivin.

Was, du hast noch nie etwas von mir gehört? Na, das ist ja ein starkes Stück!

Dann muss ich dir gleich von meinem letzten Fall erzählen, damit du weißt, mit wem du es zu tun hast.

Also, hör zu! Gestern Nachmittag lag ich im Liegestuhl hinter dem Haus, um mich von meinem vorletzten Fall zu erholen. Da hörte ich auf der Straße jemanden schimpfen: „Verdammt nochmal! Hier muss er doch irgendwo liegen!"

Das war Sabines Stimme. Sabine ist eine richtige Nervensäge. Jeden Tag verliert sie mindestens zehnmal etwas, und ich soll es dann wieder finden. Dabei hat eine große Detektivin wie ich dafür überhaupt keine Zeit. Deswegen schloss ich die Augen und stellte mich schlafend.

Aber Nervensägen wie Sabine nehmen keine Rücksicht darauf, dass große Detektivinnen sich nach einem anstrengenden Fall erholen müssen.

„He, Karola! Kannst du mir mal suchen helfen?"

Suchen helfen – wenn ich das schon höre! Eine Detektivin sucht nicht, sie ermittelt. Aber das wird Sabine nie begreifen.

„Karola, wach auf!" Sabine rüttelte mich heftig am Arm.

„Was ist denn?", fragte ich verschlafen.

„Ich habe meinen Wohnungsschlüssel verloren", antwortete Sabine.

Ich schaute auf die Uhr. Falls ich den Fall übernehmen würde, musste ich ja wissen, wie lange ich brauchte, um ihn zu lösen.

„Wo?", fragte ich.

„Was wo?", fragte sie zurück.

„Wo du ihn verloren hast."

„Wenn ich das wüsste, hätte ich ihn schon wieder gefunden."

Da hatte Sabine ausnahmsweise mal Recht. „Tut mir Leid", sagte ich, „aber ich habe keine Zeit."

Sabine zog eine Tüte Gummibärchen aus der Tasche. „Wenn du ihn findest, bekommst du die Hälfte davon."

Diese Nervensäge kennt meine einzige schwache Stelle.

„Also gut, ich übernehme den Fall. Aber ich will zehn Gummibärchen als Anzahlung."

Sabine war einverstanden.

„Erste Frage", sagte ich. „Gibt es einen Ersatzschlüssel?"

Sabine nickte.

„Dann nimm doch den", schlug ich vor.

Sabine verdrehte die Augen, als würde sie gleich in Ohnmacht fallen. „Den hab ich doch nicht bei mir, der hängt am Schlüsselbrett in der Wohnung."

„So was Dummes, da nützt er doch gar

nichts", sagte ich und schüttelte mein Köpfchen. „Zweite Frage: Hat sonst noch jemand einen Schlüssel?"

„Meine Mama natürlich."

„Warum holst du ihn dann nicht bei ihr?", fragte ich und steckte ein rotes Gummi- bärchen in den Mund.

„Weil Mama im Büro ist", antwortete Sabine. „Und ich muss vor ihr zu Hause sein und den Abendbrottisch decken."

„Dritte Frage: Wann hast du den Schlüssel zuletzt gehabt?"

Sabine überlegte. „Als ich aus der Wohnung ging, um Brot zu kaufen, glaube ich."

„Hast du die Tür abgeschlossen?"

Sabine zuckte mit den Schultern.

„Denk scharf nach!", forderte ich sie auf und steckte ein gelbes Gummibärchen in den Mund.

Sabine legte die Stirn in Falten. „Nein, ich hab die Tür nicht abgeschlossen, ich hab sie nur zugezogen."

„Aha!"

„Warum ist das denn so wichtig?", wollte Sabine wissen.

„Ich stelle hier die Fragen", antwortete ich. „Vierte Frage: Wohin tust du den Schlüssel, wenn du die Wohnung verlässt?"

„Ich hänge ihn um den Hals." Sabine schaute an sich hinunter. „Aber da hängt er nicht."

Als sie den Kopf wieder hob, entdeckte ich etwas. „Dreh dich mal um!", sagte ich.

„Warum?"

„Du sollst keine Fragen stellen, sondern tun, was ich sage!"

„Du liegst hier auf dem Liegestuhl, futterst meine Gummibärchen und redest dummes Zeug", meckerte Sabine. „Hilf mir lieber endlich suchen!"

Ich schob die restlichen Gummibärchen auf einmal in den Mund. „Wenn du dich umdrehst, sage ich dir, wo der Schlüssel ist."

„Du spinnst", rief Sabine, drehte sich
aber trotzdem um.

„Na also, da ist er ja", triumphierte ich.

„Wo?", fragte Sabine.

„Direkt hinter dir", antwortete ich und
musste lachen, als Sabine hinter sich
auf den Boden schaute. „Nicht auf dem
Boden, auf deinem Rücken."

Es dauerte noch eine Weile, bis Sabine
alles begriff. Dann war sie ziemlich
erleichtert. Sie gab mir meinen verdienten
Lohn und zog ab.

Ich, die große Detektivin Karola
Köpfchen, hatte wieder einen Fall gelöst.
In genau viereinhalb Minuten. Und

diesmal sogar, ohne vom Liegestuhl aufzustehen. Das soll mir erst mal einer nachmachen.

Wenn du also ein Problem hast und Hilfe brauchst, wende dich an Karola Köpfchen. Das wollte ich dir einfach mal sagen.

Hast du gehört?

Ja, du!

Genau dich meine ich.

Illustriert von Wilfried Gebhard

Fabian Lenk

Der Speck ist weg!

Die Sonne ging auf wie ein Feuerball.
Ich lag vor dem großen Bauernhof meiner
Eltern im Stroh. Die ersten Sonnen-
strahlen kitzelten meine Nase. Um mich
herum kuschelten sich meine Freunde.
Sophie, ein schwarzes Huhn, das so
gerne ein Hahn wäre und ständig
vergeblich versuchte zu krähen, ebenso
Poco, ein süßes wie verfressenes
Schwein mit großen, gefleckten Ohren.

111

Und der kleine, rotbraune Mischlingshund Rudi, der den ganzen Tag fröhlich mit dem Stummelschwanz wedelte. Etwas abseits stand mein Pony Talia und weidete. Und in den Händen hielt ich Fidelio, den mausgrauen Mäuserich mit dem spitzen Näschen.

„Paula, wo bleibst du? Komm frühstücken!", ertönte die Stimme meiner Mutter vom Hof. „Träumst du wieder?"

Seufzend erhob ich mich. „Passt auf", meinte ich, und alle Köpfe wandten sich mir zu. „Ich gehe mal schnell frühstücken, und dann bringe ich euch Futter, okay?"

Die Tiere nickten. Rudi wedelte mit dem Schwanz. Ich setzte Fidelio vorsichtig ab und ging zu meinen Eltern. Mama tischte den besten Schinkenspeck der Welt auf, dazu gab es Schwarzbrot, Butter, Müsli und frische Milch.

„Darf ich heute zum Abenteuerspiel-platz?", fragte ich kauend.

„Nur, wenn du mir danach im Stall hilfst."

„Na klar!", rief ich. Handeln mit Mama
ist sinnlos.

„Gut", meinte sie. „Ich gebe dir etwas
zu essen mit." Sie machte mir zwei Butter-
brote, belegt mit dem besten Schinkenspeck der Welt. Ich verstaute sie im
Rucksack.

Dann löste ich mein Versprechen ein. In der Scheune hatte ich für jeden meiner Freunde einen Futternapf aufgestellt, alle in unterschiedlicher Größe. Als ich durchs Tor kam, sprang Sophie auf meine Schulter. Rudi tanzte um meine Beine herum. Ich stellte den Rucksack ab und füllte die Schalen. Die Maus bekam Käse, das Schwein Rüben, das Pony Heu, das Huhn Körner und der Hund einen Knochen.

„Paula, komm mal schnell", hörte ich in diesem Moment meine Mama rufen. Ich flitzte zurück zum Haus. „Hier, nimm bitte diese beiden Briefe mit", hieß es.

Geritzt, und schon war ich weg. Halt, der Rucksack! Ich holte ihn aus der Scheune, winkte meinen Kumpels zum Abschied und radelte los. Ich traf einige Schulfreunde. Wir spielten Volleyball, kicherten um die Wette, kauften uns Eis und Cola. Gegen Mittag bekam ich mächtig Hunger und griff in meinen Rucksack.

Schock: Der Speck war weg! Ich bekämpfte den Hunger mit zwei weiteren Eis. Dabei dachte ich scharf nach: Nur kurze Zeit war der Rucksack unbeaufsichtigt gewesen. Als mich Mama wegen der Briefe ins Haus rief. In dieser Zeit hatte der Rucksack mit den Broten in der Scheune bei den Tieren gestanden. Demnach musste einer dieser Schlingel meine Speckbrote gemopst haben. Nur wer? Nicht, dass ich sauer war. Es interessierte mich einfach. Ich strampelte nach Hause.

„Hört mal her, Freunde", meinte ich zu den fünfen. „Einer von euch hat mein Essen gemampft. Wer war's?"

Das Pony Talia schüttelte die Mähne. Das Huhn Sophie legte den Kopf schief und versuchte zu krähen. Rudi, der Hund, machte Männchen. Der Mäuserich Fidelio fiepste aufgeregt. Mein Schwein Poco gönnte mir einen entzückenden Augenaufschlag, schmatzte ansonsten

aber ungestört weiter an einer Rübe
herum.

„Hätte ich mir denken können", knurrte
ich und tat so, als wäre ich beleidigt. Der
dicke Poco kam heran und rieb sich an
meinen Beinen. Rudi sprang an mir hoch
und kläffte. Irgendwie konnte ich der
Bande nicht böse sein. Außerdem war es
Zeit, sie zu füttern. Ich warf einen Blick auf
die Futternäpfe. Bis auf Rudis waren sie

leer. Nacheinander füllte ich sie auf und legte mich dann in die Hängematte, um ein wenig zu schmökern. Dabei fiel mir plötzlich die Lösung ein. Nun wusste ich, wer meine Schinkenspeck-Brote aufgegessen hatte. Aber wie gesagt: Böse konnte ich keinem sein. Und so beschloss ich, künftig immer mindestens drei Brote mitzunehmen – dann blieb vielleicht eins für mich übrig.

Weißt du, wer die Brote gemopst hat?
(Die Lösung findest du auf Seite 151.)

Illustriert von Dorothea Tust

Werner Färber

Geklaut? Gefunden? Geschenkt?

Antonia hat neben einer überfüllten Mülltonne eine Kamera gefunden. Sie ist so
gut wie neu. Nur ein bisschen schmutzig.
Antonia wischt sie sauber, blickt durch
den Sucher und drückt den Auslöser. Die
Kamera funktioniert tadellos. Antonia will
sie zum Fundamt bringen. Natürlich hofft
sie, dass die Kamera ein Jahr lang nicht
abgeholt wird. Dann darf sie ihren Fund
nämlich behalten.

119

Unterwegs macht Antonia noch mehr Bilder. Plötzlich beginnt die Kamera zu surren. Das Zählwerk zählt rückwärts bis null. Der Film ist voll. Auf dem Weg zum Fundamt kommt Antonia am Fotoladen von Sinas Eltern vorbei. Sina geht in die Parallelklasse. Im Schaufenster des Fotoladens hängt ein Plakat:

FILMENTWICKLUNG

in einer Stunde.
AKTIONSWOCHE – alle Fotoarbeiten
zum halben Preis!
Jeder zwanzigste Kunde erhält
eine Kleinbildkamera.

Antonia überlegt. Ihr Geld würde reichen, um den Film zu entwickeln. Wenn sie anhand der Bilder herausfindet, wem die Kamera gehört, bekommt sie bestimmt das Geld für die Fotos wieder. Mit ein bisschen Glück gewinnt sie eine der

Kameras. Dann braucht sie nicht ein Jahr lang zu warten. Im Laden wird Antonia von Sinas Mutter bedient.

„Können Sie bitte den Film rausmachen?", fragt Antonia. „Ich weiß nicht, wie das geht."

„Hast du die Kamera von uns?", fragt Sinas Mutter. „Genau die gleichen verteilen wir als Werbegeschenke."

Antonia schüttelt zögernd den Kopf.

„Die Bilder sind in einer Stunde fertig", sagt Sinas Mutter.

Antonia läuft nach Hause, um Geld zu holen. Nach nicht einmal einer halben Stunde ist sie zurück.

„So schnell geht es dann auch wieder nicht", sagt Sinas Mutter. „Ich lege deinen Film gerade erst in die Maschine."

„Macht nichts, ich hab Zeit", sagt Antonia. Sie stellt sich an den Schacht der Foto-Blitz-Maschine und wartet auf die Bilder. Im selben Moment stürzt Sina in den Laden.

„Mama, mein Film ist voll", sagt sie atemlos. „Kannst du ihn gleich entwickeln?" Sie legt eine Kamera auf den Tisch.

„Kundenaufträge gehen vor", sagt Sinas Mutter.

„Hallo, Antonia", sagt Sina.

„Hast du diesmal besser aufgepasst?", wird Sina von ihrer Mutter gefragt.

„Ich hab sie keine Sekunde aus den Augen gelassen, Mama", sagt Sina. Sie stellt sich neben Antonia. Die Maschine spuckt bereits die ersten Bilder aus.

„Tolle Maschine, was?", sagt Sina.

Antonia nickt.

„Du sollst nicht immer die Bilder unserer Kunden anschauen", sagt Sinas Mutter.

„Das sind doch schon meine Bilder", erwidert Sina.

„Unsinn, ich hab deinen Film noch in der Hand", sagt Sinas Mutter.

„Mama!", ruft Sina. „Das sind die Bilder vom Schulausflug. Hier steigen alle in den

Bus, und da kommt mein erstes Bild vom Zoo, die Pinguine ..."

Sinas Mutter schaut den Mädchen über die Schultern. „Du meinst, es sind die Bilder aus deiner geklauten Kamera?"

Antonia schluckt. „Geklaut?", fragt sie erschrocken. Sie blickt zwischen Sina und ihrer Mutter hin und her. „Aber – ich hab sie doch ..."

„Mama, ruf die Polizei", sagt Sina. „Dann können sie den Dieb verhaften, wenn er die Bilder abholt."

Polizei? Den Dieb verhaften? Antonias Beine werden weich. Wie soll sie beweisen, dass sie die Kamera gefunden hat?

„Antonia, was hast du denn?", fragt Sinas Mutter. „Hol einen Stuhl, Sina."

Sina schiebt Antonia einen Stuhl in die Kniekehlen.

„Was hat sie, Mama?", fragt Sina.

„Antonia hat diesen Film zum Entwickeln gebracht."

Sina tritt einen Schritt zurück. „Echt? Wo hast du ihn her?"

„Ich hab die Kamera nicht geklaut", versichert Antonia. „Sie lag neben einer Mülltonne und war voller Bananen-matsch."

Sinas Mutter legt Antonia eine Hand auf die Schulter. „Keine Angst, du wirst nicht verdächtigt. Der Dieb war ein großer Junge. Die Kinder haben ihn durch den halben Zoo verfolgt, bis sie ihn aus den Augen verloren haben."

„Mama, gibt es noch Werbekameras?", fragt Sina.

Sinas Mutter weiß, worauf ihre Tochter hinauswill. „Heute jagt ein Zufall den anderen", sagt sie augenzwinkernd. Sie holt eine neue Kamera aus dem Regal. „Antonia ist tatsächlich eine zwanzigste Kundin."

Illustriert von Dorothea Tust

Werner Färber

Geheimnisvolle Post

Sven hat einen Brief ohne Absender
bekommen. Als er ihn liest, versteht
er kein Wort.

> Igbpovc, Cebea wicevpev!
> Mer fev Gufe yvigyp, aqp berjx agb
> maxxyuwwev. Iw Dreapic
> deaete agb ow frea Obr
> vigbwappicq weavev
> Cehotpqpic. Haq hixf,
> Gbedicevp Ofu.

 Wer könnte das geschrieben haben?
Vielleicht hat der Briefträger den Brief
nur falsch eingeworfen. Nein. Kann auch
nicht sein. Die Adresse stimmt ja. Was
ist das für eine Sprache? Russisch?
Sven ruft Lena an. Sie kann Russisch.

„Ich hab einen ganz seltsamen Brief bekommen", sagt Sven.

„So was", sagt Lena. „Ich auch."

„Meiner ist auf Russisch oder so", sagt Sven. „Jedenfalls versteh ich nichts."

„Ich verstehe auch kein Wort. Aber Russisch ist das nicht. Vielleicht ist es Türkisch. Wir sollten Mehmet anrufen."

Mehmet hat ebenfalls so einen Brief erhalten. Eine halbe Stunde später sitzen die drei Kinder bei Sven und brüten gemeinsam über der geheimnisvollen Botschaft. Schnell sind sie sich einig, dass es sich um eine Geheimschrift handelt.

„Der Buchstabe e kommt normalerweise am häufigsten vor", sagt Mehmet.

„Dann hat jemand e mit e vertauscht", sagt Sven, nachdem er festgestellt hat, dass auch im Brief das e der häufigste Buchstabe ist.

„Warum auch nicht?", fragt Lena.

Sie schreibt das Abc auf ein Blatt. Über das e schreibt sie ein e. Jetzt haben sie

einen Buchstaben von 26. Wie sollen sie
weitermachen? Gibt es ein System?

„Seht mal", sagt Mehmet, „immer wieder
kommt gb vor. Das heißt bestimmt pf oder
ch oder st."

„Was denn nun?", fragt Lena.

„Ich bin für ch", sagt Sven.

Lena schreibt g über c und b über h. Mehmet ersetzt die Buchstaben derweil in seinem Brief.

Sven stöhnt. „Erst drei Buchstaben. Das lösen wir nie."

Plötzlich hellt sich Lenas Miene auf. „Ich hab's! Alle Selbstlaute bleiben gleich, und die Mitlaute sind um vier Stellen nach hinten verschoben."

Ihr Vorschlag wird sofort überprüft. Beim c stimmt Lenas Idee. Aber schon beim h passt sie nicht mehr.

„Das letzte Wort ist bestimmt ein Name", sagt Sven. „Wen kennen wir mit drei Buchstaben?"

„Ofu, Ofu", sagt Mehmet nachdenklich.
„Ufo!"

„Blödsinn. Ufo ist doch kein Name", sagt
Sven.

„Aber Udo. Der hat am Freitag
Geburtstag", sagt Lena. „Der Brief ist eine
Einladung!" Fieberhaft tragen sie die
neuen Buchstaben ein.

„Jetzt haben wir c, d und e. Drei
Buchstaben in Folge. Die entsprechenden
Buchstaben sind g, f, e", sagt Lena.

„Mensch, das ist rückwärts!", ruft
Mehmet.

„Ja, los, schreib auf", sagt Sven zu Lena. „Fang mit e, f, g an, und schreib alle Buchstaben rückwärts übers Alphabet."

Eigentlich funktioniert die Geheimschrift ganz einfach: Das Alphabet wurde umgedreht und dann um neun Stellen nach rechts verschoben. Jetzt ist der Text schnell entschlüsselt:

Achtung, Geheimagenten!
Wer den Code knackt, ist
herzlich willkommen. Am
Freitag feiere ich um drei Uhr
nachmittags meinen Geburtstag.
Bis bald, Chefagent
Udo.

Nachdem sie ihren Erfolg bejubelt haben, meint Sven: „Ich finde, wir sollten Udo auch eine Nuss zu knacken geben."

„Wie wär's, wenn wir versuchen herauszufinden, wen Udo noch eingeladen hat?", schlägt Mehmet vor. „Dann kommen wir

alle absichtlich zu spät und lassen Udo
ein bisschen zappeln."

   „Spätestens gegen halb vier hängt Chefagent Udo schluchzend über seiner
Torte", sagt Lena und bricht vor Lachen
fast zusammen.

   Sven führt den Plan zu Ende. „Und dann
klingeln wir und lassen die Fete doch
noch steigen."

   Mehmet reibt sich die Hände.
„Chefagent Udo wird sich wundern."

(Udos Geheimcode steht auf Seite 152.)

Illustriert von Dorothea Tust

Fabian Lenk

Die trickreiche Tina

Es war fürchterlich heiß an diesem
Sommertag in Bruchhausen. Mein Kater
Tiger hüpfte doch tatsächlich in den
Kühlschrank, als ich mir eine kalte Milch
holte. Nur mit Mühe konnte ich ihn aus
dem Gemüsefach loseisen. Es gab nur
einen Ort, an dem man es aushalten
konnte: im Freibad. Dort befanden sich
an diesem Samstagmorgen alle meine
Freunde. Nur ich war nicht dabei. Meine
Mutter hatte eine supertolle Idee gehabt.

„Du brauchst unbedingt neue Schuhe,
Conny", hatte sie beim Frühstück
verkündet.

Ich fragte sie, ob ich für sie einen
Arzttermin ausmachen sollte. Unser Dr.
Hirnbeißer versteht sich blendend auf
Nervenleiden. Doch alle Proteste der
besten Detektivin von Bruchhausen,

meiner Wenigkeit, halfen nichts. Eine Stunde später schlich ich mutlos und müde hinter Mama her. Meine Socken qualmten. Mutter war nicht zu bremsen. „Probier dies, probier das", war alles, was ich von ihr hörte. Wir zogen von Warenhaus zu Warenhaus.

Plötzlich wurde ich hellwach. Die Frau da vorne, hatte die nicht gerade ...? Doch, jetzt sah ich es genau: Die Frau sah sich kurz um, dann ließ sie zwei Parfümfläschchen in einer schwarzen Tasche, aus der ein langes Weißbrot herausragte, verschwinden. Danach ging sie zügig weiter. Ich lief sofort zu einer Kassiererin, die nach dem Hausdetektiv rief, aber die Frau war schon weg.

„Da kann man nichts machen", meinte der Detektiv. So ein Faultier!

„Komme gleich wieder!", meinte ich zu Mama und wetzte los. Auf der Straße brauchte ich nicht lange zu suchen – ich sah die Diebin, wie sie mit ihrer Tasche eine Bäckerei betrat. Mit klopfendem Herzen wartete ich hinter einer Litfaß- säule. Gab's denn hier keine Polizisten, die man alarmieren konnte? Dann kam die Frau wieder heraus. Ihre nächste Station war ein Fahrradgeschäft, schließlich besuchte sie einen Metzger. Und nun – endlich – sah ich zwei Streifenpolizisten. Ich rannte zu ihnen und erklärte den Fall. In diesem Moment verließ die Diebin den Metzger. Die Beamten hielten sie auf.

„Ach", meinte der eine belustigt. „Da haben wir ja eine alte Bekannte. Die trickreiche Tina!"

„Meine Herren, ich habe nichts verbrochen", antwortete die Frau ruhig und höflich.

„Die Kleine sagt, sie habe Sie beim Stehlen beobachtet", beharrte der Polizist.

„Lächerlich. Aber durchsuchen Sie mich ruhig."

Die Beamten schauten in die schwarze Tasche. Sie fanden das Weißbrot, eine Fahrradklingel und zweihundert Gramm Vorderschinken.

„Tja, kleine Lady, das war wohl nichts",
meinte der eine Polizist verärgert zu mir.
„Zu viel Fantasie, was?"

„Erstens: Fantasie ist was Tolles",
entgegnete ich. „Zweitens: Die Dame hat
einen Komplizen, bei dem sie die Parfüms
gelagert hat."

„Quatsch!", brauste die trickreiche Tina
auf.

„Nein", meinte ich kühl. „Ich weiß auch
schon, wo wir nachschauen sollten.
Folgen Sie mir."

Dann führte ich die Polizisten und die
trickreiche Tina zu einem der drei
Geschäfte, die Tina nach dem Diebstahl
aufgesucht hatte. Tatsächlich wurden die
Beamten fündig.

In welchem Geschäft?

(Die Lösung findest du auf Seite 152.)

Illustriert von Dorothea Tust

Werner Färber

Drei Brüder

Fassungslos kommt Sonja aus der Bank. Sie ist bestohlen worden. In ihrem Sparschwein ist nicht mehr als ein kümmerliches Häufchen Kleingeld gewesen. Wo waren die Scheine von Oma und Opa? Und die von Onkel Ulli?

Alles zusammen hätte einen viel größeren
Betrag ergeben müssen. Sonja begreift
die Welt nicht mehr. Und wegen so einem
Kleckerbetrag ist sie extra zur Bank
gelaufen. Einer ihrer Brüder muss das
Sparschwein heimlich geplündert haben.
Zu Hause legt sie sich einen Plan zurecht.
Beim Abendbrot meint Sonja beiläufig:
„In meinem Sparschwein war ja leider
nicht so viel drin."

Ganz plötzlich widmen ihre Brüder ihre ganze Aufmerksamkeit den Vesperbroten. Seltsam. Haben etwa alle drei ein schlechtes Gewissen?

Sonja lässt sich nichts anmerken. Sie schreibt drei Briefe. Einen an den lieben Andi, einen an den lieben Wolfi und einen an den lieben Benni:

Lieber...,
ich weiß, dass du an meinem Sparschwein warst. Keine Ahnung, wie du das Geld herausbekommen hast. Ich gebe dir drei Tage Zeit, es zurückzugeben. Wenn mein Sparschwein bis Montag nicht wieder voll ist, muss ich es leider Mama und Papa sagen. Mit lieben Grüßen, deine Schwester Sonja.

P.S.: Wenn ich dir was leihen soll, frag mich doch einfach.

Den ersten Brief schiebt sie unter Andis
Tür durch, den zweiten unter Wolfis und
den dritten unter Bennis.

Am nächsten Tag herrscht Leben in der
Bude. Mama und Papa wundern sich,
was in ihre Söhne gefahren ist. Alle drei
fragen, ob es nicht irgendwelche Arbeiten
zu erledigen gibt. Gegen eine kleine
Aufbesserung des Taschengeldes,
versteht sich. Andi mäht den Rasen, Benni
putzt das Auto, Wolfi bietet Mama sogar
an zu bügeln. Bei so viel Eifer ist das
ganze Haus bald so ordentlich wie lange
nicht mehr. Papa zieht sich mit einem
dicken Buch in seinen Sonnenstuhl zurück

und genießt seine Freizeit. Mama fragt ihre Söhne, ob sie in der Schule erpresst würden oder ob sie Geld verwettet hätten.

Am Sonntag sind Andi, Wolfi und Benni begeistert, dass sie mit zu Oma und Opa sollen. Sonst gibt es vor solchen Besuchen immer großes Gemaule. In der Stadtwohnung der Großeltern ist es nämlich meist ziemlich langweilig. Heute hoffen die Brüder allerdings, den einen oder anderen Geldbetrag schnorren zu können. Langweilig wird es trotzdem.

Bevor Sonja am Sonntagabend zu Bett geht, schüttelt sie ihr Sparschwein. Immer noch leer. Wie soll sie reagieren, wenn ihre Brüder die gesetzte Frist verstreichen lassen? Sie will sie nicht verpetzen.

Sonja weiß nicht, wie lange sie geschlafen hat, als sie noch einmal wach wird. Jemand tapst im Dunkeln durch ihr Zimmer. Sie kann nicht erkennen, welcher Bruder es ist. Er nestelt an ihrem Sparschwein herum.

Kaum ist er draußen, schleicht der Nächste herein. Diesmal hört es Sonja sechsmal klicken. Bevor sie Gelegenheit hat, aus dem Bett zu steigen und das Sparschwein zu schütteln, geht erneut die Tür auf.

Diesmal erkennt sie Benni. Tollpatschig wie er ist, stolpert ihr jüngster Bruder über ihre Schultasche. Dann macht es wieder einige Male „klick", und Benni schleicht hinaus.

Am nächsten Morgen muss Sonja erst
zur zweiten Stunde los und hat sogar Zeit,
vor der Schule zur Bank zu gehen.

Die Kassiererin lächelt freundlich. „Mal
sehen, ob du heute mehr Glück hast." Die
Kassiererin zählt das Geld und schreibt
eine stattliche Summe ins Sparbuch.

„Hier ist noch was für dich", sagt sie und
schiebt Sonja drei zusammengefaltete
Zettel hin.

Auf dem ersten steht:

Liebe Sonja, tut mir Leid. Das nächste Mal frage ich, Benni.

Auf dem zweiten heißt es:

Okay, das nächste Mal frage ich, tut mir Leid, Wolfi.

Und auf dem dritten:

Entschuldige, ich war letzte Woche knapp bei Kasse. Wollte es zurückgeben, ohne dass du was merkst. Ein Zehner fehlt noch. Den bekommst du, sobald ich ihn habe. Versprochen! Andi.

Mit den Geständnissen hat Sonja nicht gerechnet. Aber wie es scheint, kann sie sich auf ihre Brüder doch verlassen.

Illustriert von Dorothea Tust

Lösungen

Aufregende Ferien
(S. 11-17)

Die Glasscherben lagen im Hof. Also wurde das Fenster von innen eingeschlagen.

Der Anschlag auf die Sandburg
(S. 42-48)

Es war tatsächlich Daniel. Niemand im Miniclub wollte während der „Siesta" am Strand gewesen sein. Aber Daniels Füße waren voller Sand.
PS: Daniel baute später mit Yannick zusammen die wirklich „schönsten" Burgen. Und ich, Philipp, konnte mein Buch weiterlesen.

Rudi, die Rennsemmel
(S. 74-79)

Tamara sprach von einem Frosch, der in Rudis Auto geworfen wurde. Rudi aber berichtete von einem Untier, nicht von einem Frosch.

Katzendiebe
(S. 80-88)

Robert hat sich verplappert. Denn Nina hat ihm nie gesagt, dass Beppo draußen Mäuse fängt. Also hat er den Kater bei der Mäusejagd gesehen und dann entführt.

Der Fall „Wellensittich"
(S. 89-95)

Der Wellensittich des alten Mannes spricht mit tieferer Stimme.

Der Maskenmann kam um Mitternacht
(S. 96-101)

Friedhelm Fuhrmann war der Täter. Er hat denselben Dialekt wie der Maskenmann und verriet sich durch das „datt".

Der Speck ist weg
(S. 111-118)

Rudi aß die Brote. Denn sein Futternapf war als einziger voll. Also hatte er seinen Hunger offenbar mit Speckbroten gestillt.

Geheimnisvolle Post
(S. 127-133)

Geheimcode:

```
a b c d e f g h i j k l m n o p q r s t u v w x y z

i h g f e d c b a z y x w v u t s r q p o n m l k j
```

Die trickreiche Tina
(S.134-139)

Beim Bäcker. Denn was sollte Tina beim
Bäcker, wenn sie schon vorher ein Weißbrot
erworben hatte (das hatte sie ja schon dabei,
als sie die Parfüms stahl)?

Quellenverzeichnis

S. 89-95
Steffen Mohr,
Der Fall „Wellensittich",
aus: ders., Leselöwen-
Rätselkrimis 2.
© 2002 Loewe Verlag GmbH,
Bindlach

S. 96-101
Fabian Lenk,
Der Maskenmann kam um Mitternacht,
aus: ders., Leselöwen-
Rätselkrimis 1.
© 2001 Loewe Verlag GmbH,
Bindlach

S. 102-110
Manfred Mai,
Karola Köpfchen,
aus: ders., Leselöwen-
Detektivgeschichten.
© 1998 Loewe Verlag GmbH,
Bindlach

S. 111-118
Fabian Lenk,
Der Speck ist weg!,
aus: ders., Leselöwen-
Rätselkrimis 1.
© 2001 Loewe Verlag GmbH,
Bindlach

S. 119-126
Werner Färber,
Geklaut? Gefunden? Geschenkt?,
aus: ders., Leselöwen-
Krimigeschichten.
© 2000 Loewe Verlag GmbH,
Bindlach

S. 127-133
Werner Färber,
Geheimnisvolle Post,
aus: ders., Leselöwen-
Krimigeschichten.
© 2000 Loewe Verlag GmbH,
Bindlach

S. 134-139
Fabian Lenk,
Die trickreiche Tina,
aus: ders., Leselöwen-
Rätselkrimis 1.
© 2001 Loewe Verlag GmbH,
Bindlach

S. 140-148
Werner Färber,
Drei Brüder,
aus: ders., Leselöwen-
Krimigeschichten.
© 2000 Loewe Verlag GmbH,
Bindlach

Leselöwen

bringen

Farbe

in dein

Lesen!

ISBN 3-7855-4381-6

ISBN 3-7855-4382-4

ISBN 3-7855-4380-8

ISBN 3-7855-4386-7

ISBN 3-7855-4379-4

ISBN 3-7855-4375-1

ISBN 3-7855-4388-3

ISBN 3-7855-4389-1

ISBN 3-7855-4377-8